国家社科基金重大项目"面向新疆义务教育的语言资源数据库建设及应用研究"（20&ZD293）阶段性成果
"天山英才"培养计划哲学社会科学人才和新疆文化名家项目（2023WHMJ023）阶段性成果

总　主　编　刘正江
执行总主编　邢　欣

国家通用语言文字
口语学习教程

农牧民版

本册主编　沈淑花
本册副主编　刘正江　邢　欣
本册编者　王玉茗　陈寅东　王紫悦　赵思远　蒋济元

第2册
互动会话

©2025 北京语言大学出版社，社图号25065

图书在版编目（CIP）数据

国家通用语言文字口语学习教程：农牧民版. 2，互动会话 / 刘正江总主编；沈淑花主编；刘正江，邢欣副主编；王玉茗等编. -- 北京：北京语言大学出版社，2025. 6. -- ISBN 978-7-5619-6782-9

Ⅰ．H193.2

中国国家版本馆CIP数据核字第2025A3Q312号

国家通用语言文字口语学习教程（农牧民版）第2册　互动会话
GUOJIA TONGYONG YUYAN WENZI KOUYU XUEXI JIAOCHENG
（NONG-MUMIN BAN）DI 2 CE　HUDONG HUIHUA

排版制作：	北京创艺涵文化发展有限公司
责任印制：	周　燚

出版发行：	北京语言大学出版社
社　　址：	北京市海淀区学院路15号，100083
网　　址：	www.blcup.com
电子信箱：	service@blcup.com
电　　话：	编辑部　8610-82303390
	国内发行　8610-82303650/3591/3648
	海外发行　8610-82303365/3080/3668
	北语书店　8610-82303653
	网购咨询　8610-82303908
印　　刷：	河北赛文印刷有限公司

版　次：	2025年6月第1版	印　次：	2025年6月第1次印刷
开　本：	787毫米×1092毫米　1/16	印　张：	3.75
字　数：	52千字		
定　价：	24.00元		

PRINTED IN CHINA

凡有印装质量问题，本社负责调换。售后QQ号1367565611，电话010-82303590

编者的话

学习国家通用语言文字，提升民族地区农牧民国家通用语言文字应用能力和科学文化素质，是实现边疆地区经济繁荣、社会稳定、长治久安的重要支撑，是铸牢中华民族共同体意识的重要路径。

学好国家通用语言文字，需要多学多练、多听多说，在生活中学习、在劳动中学习，持之以恒、坚持不懈；同时，还需要通过自我检测来了解学习进度，实现精准化学习和高效学习，进一步提升国家通用语言文字水平，达到全面掌握的目标。要做到这一切，口语学习是第一步。为此，我们编写了这套口语学习教程，通过听、读、说相结合的方式，帮助农牧民学好口语，达到"听得懂，说得出，能流利对话"的效果。在此基础上，进一步提升农牧民的国家通用语言文字应用能力，助力他们掌握中华优秀传统文化知识和现代化科学技术，为乡村振兴贡献力量，为民族团结添砖加瓦，为边疆繁荣昌盛做出积极贡献。

本套教程包括看图听音、互动会话和看图听音跟读三个分册。其中，看图听音分册另附一本"听力录音材料及答案"。本套教程以练习为主，通过图片和音频结合的形式帮助农牧民掌握日常词语和句子，通过听音跟读和互动问答的形式帮助农牧民提升会话能力。此外，教程通过简单易懂、重复滚动的方式，确保农牧民的学习效果。

本套教程具有如下特点：

1. 内容生活化：教程选取农牧民日常生产、生活中常用的词语和句子，确保他们能够学以致用，快速融入语言环境。

2. 形式多样化：教程采用丰富多样的学习形式，包括看图听音选择、听后跟读、互动问答、看图听音跟读等，既有趣又实用，能够激发学习兴趣，增强学习效果。

3. 表达口语化：教程注重口语表达的训练，采用通俗易懂、自然流畅的语言风格，帮助农牧民掌握地道的口语表达。

4. 场景实用化：教程的内容设计以实用为导向，针对不同场合提供相应的语言素材，切实提高农牧民的交际能力。

5. 手段科技化：教程借助现代科技手段，不仅有扫码听录音的功能，还配备手机端互动学习系统，支持在线学习、互动问答、实时测评等功能，可为农牧民带来便捷的学习体验。

农牧民使用本套教材时，既可以通过听音选择、跟读、回答问题等练习，循序渐进地提升国家通用语言文字应用能力；也可以根据自己的实际需求，灵活选择学习内容，进行个性化学习，从而更好地满足实际应用场景的交际需要。

学完本套教程后，农牧民可以基本掌握国家通用语言文字中常用的口语词语、句式和问答，具备日常交流能力，并能够运用简单的职业技能用语，为实际生活和工作打下坚实的语言基础。

本套教程的编写团队主要由新疆大学中国语言文学学院、国家语言文字推广基地（新疆大学）、国家社科基金重大项目"面向新疆义务教育的语言资源数据库建设及应用研究"（20&ZD293）课题组的老师和研究生组成。在此，我们对团队所有成员的辛勤付出表示衷心的感谢！新疆大学中国语言文学学院中语系教师刘林，中语系语言学专业的硕士研究生余祖鑫、赵佳煜、雒彤彤、别姣仪、陈先年、范雅妮、李志刚、马欢欣、马雪霞、马言超、任怡凡、唐伟、王昭旭、闫兴月、张妍、金永恒、刘水莲、马妤冰等同学参加了本套教程初稿的编纂工作，特此感谢！最后，要感谢北京语言大学出版社的鼎力相助，特别是出版社领导和各位编辑为本套教程的出版倾注了大量心血，在此表示诚挚的谢意！

国家通用语言文字的学习和推广任重道远。编写团队始终以服务乡村振兴、促进民族团结为己任，致力于国家通用语言文字教学与推广工作。诚挚欢迎广大读者对本套教程提出宝贵意见和建议，帮助我们不断改进和完善。

目 录

第 1 单元　礼貌用语 ·· 001

第 2 单元　日常用语 ·· 005
　一、短句 ·· 006
　二、长句 ·· 015
　三、标语 ·· 019

第 3 单元　提问用语 ·· 023

第 4 单元　互动问答 ·· 029
　一、简单问答 ·· 030
　　（一）一问一答 ··· 030
　　（二）两问两答 ··· 032
　　（三）三问三答 ··· 034
　二、复杂问答 ·· 037
　　（一）两问两答 ··· 037
　　（二）听一段话，然后回答问题 ··· 040

第 1 单元

礼貌用语

本单元主要学习掌握我们在日常生活和工作中常常会用到的礼貌用语，包括招呼语、问候语、告别语、感谢语、道歉语、祝福语等。句子 2～6 字不等，以 4 字为主。

掏出手机，扫一下二维码，就能听见每个实用的礼貌用语。模仿复述，大胆地说，反复地练，你会越说越好。

 扫一扫，跟着练，大伙儿关系更和谐。

说明：在这部分，你会听到两个人的声音，一个人念题号，另一个人念句子。

例如：（女）第 11 题
　　　（男）不客气。

你听到的"不客气"就是你要跟着说的句子。

1. 你好！
2. 您好！
3. 再见！
4. 没什么。
5. 晚上好！
6. 早上好！
7. 下午好！
8. 吃了吗？
9. 对不起！
10. 没关系。
11. 不客气。
12. 不用谢。
13. 应该的。
14. 出去啊？
15. 明天见！
16. 请留步！
17. 春节快乐！
18. 万事如意！
19. 保重身体！
20. 恭喜恭喜！
21. 十分抱歉！
22. 祝你幸福！
23. 老师再见！
24. 我该走了。
25. 请多关照！
26. 按时吃药！
27. 改天再说！
28. 好好休息！
29. 祝你好运！
30. 新年快乐！
31. 气色不错！
32. 好久不见！
33. 原谅我吧！
34. 多谢关照！
35. 别太客气！
36. 太感谢了！
37. 七夕快乐！
38. 打扰一下！

39. 除夕快乐!
40. 马到成功!
41. 以后再聚!
42. 年年有余!
43. 节日快乐!
44. 欢迎光临!
45. 请你原谅!
46. 健康第一。
47. 你去哪儿?
48. 一帆风顺!
49. 恕不远送。
50. 心想事成!
51. 麻烦您了!
52. 周末愉快!
53. 我们都好。
54. 好好休息!
55. 感激不尽!
56. 合作愉快!
57. 有空常来!
58. 电话联系。
59. 岁岁平安!
60. 不必在意!
61. 身体健康!
62. 我们走吧!
63. 一起加油!
64. 代问他好!
65. 祝你顺利!
66. 谢谢你们!
67. 不好意思!

68. 请多指教!
69. 注意身体!
70. 辛苦你了!
71. 一切顺利!
72. 你放心吧!
73. 您还好吗?
74. 中秋快乐!
75. 注意安全!
76. 多吃点儿!
77. 一言为定!
78. 元旦快乐!
79. 路上小心!
80. 阖家团圆!
81. 先走一步!
82. 您言重了!
83. 问题不大!
84. 不要紧的!
85. 别太担心!
86. 下次再见。
87. 保持联系!
88. 不见不散!
89. 不必客气!
90. 慢走不送。
91. 一路顺风!
92. 国庆快乐!
93. 一路平安。
94. 后会有期!
95. 非常感谢!
96. 别太辛苦!

97. 拜托您了!
98. 端午快乐!
99. 打扰您了!
100. 请多保重!
101. 事业有成!
102. 清明安康!
103. 生日快乐!
104. 笑口常开!
105. 借过一下!
106. 请让一下!
107. 我送送你。
108. 再坐一会儿!
109. 你放松点儿!
110. 最近还好吗?
111. 元宵节快乐!
112. 重阳节快乐!
113. 身体还好吧?
114. 有空来玩儿!
115. 开车慢点儿!
116. 最近怎么样?
117. 常来家里坐!
118. 喝点儿水吧!
119. 家里人都好吧?
120. 最近忙什么呢?

第 2 单元

日常用语

快来试一试日常用语听说练习！扫一扫二维码，就能听到各种实用的短句、长句和标语。这些句子和我们的生活、工作、学习紧密相连。短句 5～10 字不等，长句 11～19 字不等，标语 8～18 字不等，从简单到复杂。学的就是身边话，学会立马能用。

 扫一扫，跟着练，工作生活都搞定。

> 说明：在这部分，你会听到两个人的声音，一个人念题号，另一个人念句子。
>
> 例如：（女）第 12 题
>   （男）微信转账吧。
>
> 你听到的"微信转账吧"就是你要跟着说的句子。

一、短句

1. 超市东西多。
2. 奶奶睡觉呢。
3. 你把灯打开。
4. 他不愿意去。
5. 有事打电话。
6. 网速太慢了。
7. 叫她去扫地。
8. 他在村委会。
9. 快叫救护车！
10. 他不会来了。
11. 外面刮风了。
12. 微信转账吧。
13. 麦子缺水了。
14. 晚上要下雨。
15. 该充话费了。
16. 我想学技术。
17. 实在太贵了！
18. 裤子买小了。
19. 手机欠费了。
20. 他说不清楚。
21. 我来包饺子。
22. 请排队上车。
23. 镜子摔碎了。
24. 饭馆里没人。
25. 这饭真好吃。
26. 真是太棒了！
27. 衣服很合身。
28. 你把伞带上。
29. 该收庄稼了。
30. 我去买水果。
31. 充值办会员。
32. 不要再说了！
33. 记得关窗户。
34. 今天特别忙。

35. 请微信支付。
36. 太阳出来了。
37. 我不认识他。
38. 这里没信号。
39. 他对我很好。
40. 玉米长得好。
41. 妹妹不在家。
42. 鞋子不合脚。
43. 我明天出发。
44. 打过农药了。
45. 他也不知道。
46. 姐姐是医生。
47. 我没听明白。
48. 路上车很多。
49. 你想想办法。
50. 我不喜欢他。
51. 你把碗洗了。
52. 附近有银行。
53. 天气变热了。
54. 他是我哥哥。
55. 你也试一试。
56. 弟弟在学校。
57. 把他饿坏了。
58. 我请你吃饭。
59. 越来越冷了。
60. 西瓜非常甜。
61. 妈妈回家了。
62. 你穿厚一些。
63. 爷爷生病了。

64. 他爱看电视。
65. 明天再说吧。
66. 快递发货了。
67. 你再说一遍。
68. 地都种好了。
69. 房子比较大。
70. 天已经晴了。
71. 你去买肥料。
72. 他在上夜校。
73. 收成还不错。
74. 他在种棉花。
75. 你来干活儿吧。
76. 爸爸在干活儿。
77. 视频聊天儿吧。
78. 这里禁止吸烟。
79. 今天天气不错。
80. 我今年三十岁。
81. 我觉得他很好。
82. 送外卖很辛苦。
83. 你最好不要走。
84. 他不会怪你的。
85. 他生我的气了。
86. 家里来客人了。
87. 买两张火车票。
88. 明天是星期天。
89. 星期一升国旗。
90. 我有急事找他。
91. 时间过得真快!
92. 他昨天感冒了。

93. 他生病住院了。
94. 孩子发高烧了。
95. 他咳嗽得厉害。
96. 去喂一下羊吧。
97. 你该剪头发了。
98. 他比我大三岁。
99. 我和他一起走。
100. 他拿到驾照了。
101. 刚才摔了一跤。
102. 这里不能停车。
103. 我的车没油了。
104. 我去医院看病。
105. 你把钱还给他。
106. 下雪天路很滑。
107. 衣服洗干净了。
108. 挂个专家号吧。
109. 我帮你去挂号。
110. 广场上有活动。
111. 中秋节快到了。
112. 我不是故意的。
113. 我的钥匙丢了。
114. 我们商量商量。
115. 薄荷茶很好喝。
116. 他心情不太好。
117. 你把钱存起来。
118. 我等了他半天。
119. 妹妹非常漂亮。
120. 她眼睛大大的。
121. 我手机没电了。
122. 我们去逛街吧。
123. 弟弟上高中了。
124. 我喜欢吃烤肉。
125. 孩子们很听话。
126. 他经常点外卖。
127. 我爱我的祖国。
128. 电影太好看了！
129. 团结就是力量。
130. 我送你去车站。
131. 做生意不容易。
132. 我找到工作了。
133. 你把窗帘拉上。
134. 生活越来越好。
135. 我每天喝奶茶。
136. 便宜一点儿吧。
137. 你比我强多了。
138. 电动车降价了。
139. 果树长虫子了。
140. 冬天去滑雪吧！
141. 我感到很幸福。
142. 他八点才起床。
143. 再加个凉菜吧。
144. 把梯子架上去。
145. 谢谢你的帮助！
146. 把安全带系好。
147. 她舞跳得真好！
148. 他在饭馆打工。
149. 不要横穿马路！
150. 做事要靠谱儿。

151. 直播卖干果火了。
152. 拉草喂骆驼去了。
153. 绿茶有好多种类。
154. 我还没去过北京。
155. 商店离这儿不远。
156. 家用电器降价了。
157. 戴上手套摘辣子。
158. 我哥想换个工作。
159. 拖拉机快没油了。
160. 你的行李太重了。
161. 姐姐对海鲜过敏。
162. 工地上包吃包住。
163. 把衣服脱下来吧。
164. 我在汽车站等你。
165. 明天的票卖完了。
166. 养羊赚了很多钱。
167. 吸烟对身体不好。
168. 我不知道怎么做。
169. 地里的庄稼真好!
170. 这是我的女朋友。
171. 把灭火器拿过来。
172. 天气热得受不了。
173. 我到家一会儿了。
174. 网上订餐很方便。
175. 该下地干活儿了。
176. 给你们添麻烦了!
177. 哥哥辞职回家了。
178. 你比我能干多了。
179. 我已经结过账了。

180. 我喜欢吃芝麻馕。
181. 去哪儿买菜都行。
182. 他开了一家网店。
183. 去火车站买票了。
184. 我喜欢跳新疆舞。
185. 把院子的门锁上。
186. 卡里的钱变多了。
187. 多吃水果和蔬菜。
188. 车已经上高速了。
189. 我把密码忘记了。
190. 菜里不要放辣子。
191. 他的病不太严重。
192. 你去交一下电费。
193. 他没有跟我借钱。
194. 下雪天路不好走。
195. 别让羊啃了麦子!
196. 护士在给我打针。
197. 薄皮包子真香啊!
198. 无人机在洒药呢。
199. 请留下联系方式。
200. 烤包子真好吃啊!
201. 牧场有兽医站了。
202. 把救护车开过来。
203. 坐高铁去比较快。
204. 给我订一个包厢。
205. 路上堵得很厉害。
206. 来一份大盘鸡吧。
207. 他们越说越高兴。
208. 咱们出去看看吧。

209. 她好像不太高兴。
210. 村里修了一条路。
211. 新疆美食非常多。
212. 我还没骑过骆驼。
213. 有空来家里坐呀。
214. 我坐出租车上班。
215. 他好像没去厂里。
216. 我肚子疼得不行。
217. 我知道他在哪儿。
218. 卖棉花注意防火!
219. 菜有一点儿咸了。
220. 抓饭的味道真香!
221. 他同意你这样做。
222. 马上就要检票了。
223. 公司对面是公园。
224. 我不想跟你发火。
225. 他一晚上没睡觉。
226. 他又去打游戏了。
227. 对不起,我来晚了。
228. 去门诊楼拍片子吧。
229. 房子装修得真漂亮!
230. 他骑摩托车去放羊。
231. 夜市门口不好停车。
232. 把手套戴上打农药。
233. 你把牛圈打扫一下。
234. 快打120叫救护车。
235. 夏天农忙季节到了。
236. 开播种机注意安全!
237. 你们俩长得像姐妹。

238. 开收割机不许喝酒!
239. 看病都用医疗保险。
240. 学会用手机真方便!
241. 我刚才忘发微信了。
242. 机器人都会跳舞了。
243. 把你的备注改一下。
244. 我现在给手机充电。
245. 我女儿已经退烧了。
246. 最近牛羊肉涨价了。
247. 他经常上网买东西。
248. 这个病需要做手术。
249. 菜地里种了西红柿。
250. 把病人抬到担架上。
251. 合作社离这儿不远。
252. 让她给我打个电话。
253. 你说的话我明白了。
254. 赶紧给棉田浇水吧!
255. 我要买一盒消炎药。
256. 和田的红茶很好喝。
257. 你出门时把灯关了。
258. 孙子教爷爷用手机。
259. 你没事我就放心了。
260. 村里家家都有网了。
261. 他不小心摔骨折了。
262. 村医提着药箱来了。
263. 最近苹果都降价了。
264. 请你在这儿签个字。
265. 晾杏干要搭防雨棚。
266. 我牙疼得吃不下饭。

第2单元 日常用语

267. 村里的人都有钱了。
268. 你到马路对面坐车。
269. 这里种了很多果树。
270. 快递车天天来送货。
271. 我已经把快递退了。
272. 他要贷款办奶牛场。
273. 再不去就来不及了。
274. 活动室里坐满了人。
275. 我和他已经结婚了。
276. 今年的葡萄真甜啊!
277. 你写个证明交上来。
278. 加一下你的微信吧。
279. 这件事早就决定了。
280. 出远门时把插头拔了。
281. 他弟弟在技校读书呢。
282. 山上的空气非常新鲜。
283. 我们家卧室比客厅大。
284. 我喜欢玫瑰花的香味。
285. 感谢你们的热情招待。
286. 他家打的馕特别好吃。
287. 我朋友开车送我过去。
288. 你的普通话说得真好。
289. 我昨天来的乌鲁木齐。
290. 体检报告说我血压高。
291. 这里的物价比较便宜。
292. 老板给我们涨工资了。
293. 情况比你想的要复杂。
294. 这个牌子的酸奶好喝。
295. 这茬苞米长得可真好!
296. 他们的产品很受欢迎。
297. 这是我新买的洗衣机。
298. 用无人机洒药很方便。
299. 我们食堂的饭不要钱。
300. 现在后悔也来不及了。
301. 你怎么说我就怎么做。
302. 枣核儿卡嗓子眼儿了。
303. 他在建筑工地上打工。
304. 妹妹最近胖了两公斤。
305. 这个东西不值什么钱。
306. 我想学的东西太多了。
307. 禁止在公共场所吸烟。
308. 我现在不方便接电话。
309. 我的奶奶也会刷抖音。
310. 我到时候会联系你的。
311. 我想换个好看的发型。
312. 伤口流血赶快包一下。
313. 他和女朋友约会去了。
314. 火锅店里没有座位了。
315. 他贷款买了一套楼房。
316. 我打算过两天去伊犁。
317. 遇到电信诈骗打110。
318. 麻烦你通过一下微信。
319. 秋天开始收割庄稼了。
320. 我也不知道他在哪里。
321. 路灯都用上太阳能了。
322. 我从来没这么开心过。
323. 我的口语越说越好了。
324. 吃太多肉不容易消化。

325. 我和同事的关系很好。
326. 我们家离餐馆比较近。
327. 剪羊毛要细心一点儿!
328. 马上要收割冬小麦了。
329. 我们跟着手机导航走。
330. 写一下你的家庭住址。
331. 这些年家乡变化很大。
332. 我最近总是睡不着觉。
333. 现在都用机器打井了。
334. 天气预报说今天有雨。
335. 你把地址给我发一下。
336. 场上晒的辣椒一片红。
337. 我们这里过年很热闹。
338. 新农具补贴领了三次。
339. 我不知道怎么安慰她。
340. 你把窗户打开透透气。
341. 城市里的工作机会多。
342. 他有一个弟弟是警察。
343. 苹果套上纸袋防虫咬。
344. 滴灌管子铺到地头啦!
345. 排队拍片子的人很多。
346. 喂牛记得加一点儿盐!
347. 我忘记给手机充电了。
348. 西红柿炒鸡蛋很好吃。
349. 杏子装箱要轻拿轻放。
350. 手机号过一会儿给你。
351. 我对你的表现不满意。
352. 在前面的路口往右拐。
353. 我一天能赚两百块钱。

354. 快把玉米装进袋子里!
355. 医生给我开了退烧药。
356. 他做梦也没想到是你。
357. 这种布料适合做大衣。
358. 来新疆旅游的人很多。
359. 工地旁边有一个银行。
360. 这种发型今年很流行。
361. 我好像在哪儿见过他。
362. 他跑快递挣了很多钱。
363. 身体健康是最重要的。
364. 我喜欢玫瑰花的颜色。
365. 你一直往南走五十米。
366. 巴扎里卖的馕真香啊!
367. 这是我们饭店的菜单。
368. 我们一起商量商量吧。
369. 这次考试他没有考好。
370. 用微信联系太方便了。
371. 你的快递送到村口了。
372. 这趟火车经过库尔勒。
373. 听说村里有5G网络了。
374. 算了,我不跟你计较了。
375. 出去玩,住民宿很舒服。
376. 没关系,以后还有机会。
377. 你先忙,我不打扰你了。
378. 对不起,是我误会你了。
379. 请原谅,给你添麻烦了。
380. 不好意思,让你受累了。
381. 不用客气,我们是朋友。
382. 早上我喝牛奶,吃鸡蛋。

第2单元 日常用语

383. 现代科技发展得真快呀！
384. 无人机洒药时戴好口罩。
385. 妹妹更喜欢在城市生活。
386. 弟弟和妹妹都在上小学。
387. 天气预报说明天刮大风。
388. 地里的玉米已经长高了。
389. 我刚给家里的花浇了水。
390. 公司答应给我们缴社保。
391. 我去派出所补办身份证。
392. 村民们都参加了合作社。
393. 西瓜结果不能浇太多水。
394. 我受不了脏乱差的环境。
395. 我用手机银行给你转账。
396. 高速公路上发生了车祸。
397. 你的主意听起来很不错。
398. 今年杏子比蜂蜜还甜呢！
399. 我家里妈妈做饭最好吃。
400. 合作社又给大家分红了。
401. 他想找一个稳定的工作。
402. 你们家的马养得真肥啊！
403. 用太阳能不担心停电了。
404. 巴扎的烤包子香得流油！
405. 我以前在保险公司干过。
406. 我在地里给棉花打农药。
407. 银行在村里安了取款机。
408. 下午两点前退房就可以。
409. 带着医保卡去医院看病。
410. 用电推子剪羊毛剪得快。
411. 这次就业机会非常难得。
412. 我喜欢吃自己包的饺子。
413. 现在拉草都用三轮车了。
414. 这茬麦子长得可真齐整！
415. 最近感冒发烧的人很多。
416. 组长通知我们今晚加班。
417. 你最好去医院检查检查。
418. 在网上直播带货很赚钱。
419. 我们的红枣卖得非常快。
420. 新买的拖拉机真好用啊！
421. 你直接来我店里修车吧。
422. 农家乐客房订到国庆了。
423. 夜市在文化广场的左边。
424. 他还在办公室里忙着呢。
425. 村里正在举行篮球比赛。
426. 这次事故把我们吓坏了。
427. 快递员把箱子放门口了。
428. 村里泥巴路变柏油路了。
429. 迷路了可以用手机导航。
430. 南疆的冬天没有北疆冷。
431. 我想送孩子去广州上学。
432. 妈妈最近一直在吃中药。
433. 游客喜欢去农家乐吃饭。
434. 咳嗽去医院拍一下片子。
435. 我们经常在一起包饺子。
436. 我联系好马上给你回话。
437. 我们使用无人机打农药。
438. 我用烤箱烤了一个蛋糕。
439. 现在用手机通话真方便。
440. 我们把洋葱叫作皮牙子。

441. 政府对贫困学生有补助。
442. 咱们看情况再做决定吧。
443. 我认为这个办法很合理。
444. 他做电商已经三年多了。
445. 春天是嫁接枣树的时候。
446. 床单和被套都应该洗了。
447. 他们兄弟俩长得非常像。
448. 我不敢直接给你打电话。
449. 直播卖苹果的订单很多。
450. 村里新建了一个大广场。
451. 我们可以在直播间卖货。
452. 我们村来了一个新书记。
453. 他直播带货赚了很多钱。
454. 滴灌浇水又省水又省工。
455. 现在家家都买了大电视。
456. 播种机一天能种五十亩。
457. 打农药必须戴两层口罩！
458. 我要去新房子看装修了。
459. 新买的拖拉机真带劲啊！
460. 开车不系安全带很危险。
461. 脚扭伤就用冰块敷一敷。
462. 请你把证件给我看一下。
463. 剪葡萄枝注意控制长度。
464. 招待所全天都提供热水。
465. 现在视频通话真方便啊！
466. 拖拉机上坐的人真多呀！
467. 南疆的无花果真好吃啊！
468. 堆草垛要离油库远点儿。

469. 头疼去医院检查一下吧。
470. 离检票进站还有半小时。
471. 今天的聚会就到这儿吧。
472. 我们常聚在一起聊天儿。
473. 现在是葡萄成熟的季节。
474. 过节的时候超市有活动。
475. 他有个妹妹在北京工作。
476. 天气预报说明天是晴天。
477. 儿子每天下午六点放学。
478. 你说的那个问题解决了。
479. 他在银行补办银行卡呢。
480. 我奶奶晚上用热水泡脚。
481. 我们一起做短视频带货。
482. 网上买东西省时又方便。
483. 过了十字路口你就到了。
484. 把手机声音调小一点儿。
485. 他们村这两年变化最大。
486. 网上直播卖货需要包邮。
487. 老板，我要一个小份凉皮。
488. 别介意，他在跟你开玩笑。
489. 有了路灯，村里晚上真亮。
490. 合作社分红，大家都高兴。
491. 直播卖苹果，订单接不停。
492. 油箱漏油了，快去修车吧。
493. 学好普通话，要多说多练。
494. 这药一天三次，每次两片。
495. 我马上来工地，别催我了。
496. 我感冒了，嗓子疼，咳嗽。

二、长句

1. 农业补贴会打到银行卡里。
2. 商场在搞买一送一的活动。
3. 我们村建设得比他们村好。
4. 我们村今年粮食大丰收了。
5. 我的女儿已经上幼儿园了。
6. 今年地里的玉米长得真好!
7. 我喜欢在晚上看一会儿书。
8. 我买到了便宜又好的种子。
9. 这批牛羊饲料的质量不错。
10. 葡萄架上结的葡萄真多呀!
11. 农贸市场里卖什么的都有。
12. 听说现在种地也有补贴呢。
13. 他打工的钱明年才能结清。
14. 快递小哥上门来取包裹了。
15. 用手机付款不用带现金了。
16. 我以前在饭馆干过三个月。
17. 路口右拐就能看见商店了。
18. 今年我们家棉花产量很高。
19. 现在割麦子都用收割机了。
20. 开网店要把营业执照办好。
21. 我打算在网上卖些农产品。
22. 你家的地毯需要好好清洗。
23. 主任一句话也没说就走了。
24. 这里的人我一个都不认识。
25. 这个教室能坐下二十个人。
26. 我经常和父母视频聊天儿。
27. 现在买农机有国家补贴呢。
28. 我听说直播带货挺挣钱的。
29. 今天市场上的蔬菜很便宜。
30. 听完村里的广播通知再去。
31. 我买的房子有一百平方米。
32. 在手机上可以预约挂号了。
33. 你这个网店的生意真不错!
34. 我们该去地里除除杂草了。
35. 我的快递都好几天没取了。
36. 浇地的水管需要接二百米。
37. 排队骑骆驼的游客特别多。
38. 这个厂收购我们家的牛奶。
39. 他的收入已经增长了三倍。
40. 这家餐厅的饭菜也太贵了!
41. 磨面机卡住要赶紧拉电闸!
42. 他不愿意一个人待在家里。
43. 你家的枣树结的果子真多!
44. 明天得去镇子上买种子了。
45. 公司会给我们缴五险一金。
46. 乌鲁木齐的夏天比较凉快。
47. 听说养鸡场需要天天消毒。
48. 单位通知我们明天去体检。
49. 我贷款十万买了一辆新车。
50. 我担心他会在沙漠里迷路。
51. 听说直播带货也挺简单的。
52. 你要等主任回来才能盖章。
53. 你记得菜地三天浇一次水。
54. 我想寄些特产给我的朋友。

55. 这件毛衣洗了之后缩水了。
56. 他进城找工作都一个月了。
57. 县城里的工作机会特别多。
58. 他动不动就对我们发脾气。
59. 渴死我了,快给我倒杯茶吧。
60. 煤气漏了,赶快把窗户打开。
61. 网上买种子,价钱便宜一半。
62. 他来的时候,我在洗脸刷牙。
63. 明天收麦子,千万不要下雨。
64. 路有点儿远,你骑摩托车去。
65. 太阳出来了,快去晒晒被子。
66. 雪下得真大,开车注意点儿。
67. 网店生意好,多进点儿货吧。
68. 快递寄出去了,三天后能到。
69. 贷款批下来了,快去签字吧!
70. 银行卡办好了,记得改密码。
71. 我们接到通知,明天要停水。
72. 机器人能干活儿,还能救灾。
73. 腰疼就别乱动了,快躺着吧。
74. 我想去巴扎逛逛,买些水果。
75. 高速公路修到村口,很方便。
76. 那个小伙子大眼睛,高鼻梁。
77. 用塑料布盖好晒场上的粮食。
78. 夜市上摆摊儿的都挂收款码。
79. 胃疼去医院做一下胃镜检查。
80. 今年的农产品都卖出了高价。
81. 哥哥想在市场摆摊儿卖羊肉。
82. 赶集卖菜要早点儿去占位置。
83. 干这个工作得学点儿新技术。
84. 无人机洒药比人洒得快多了。
85. 你一直往前走就到加油站了。
86. 村里盖起了带厕所的砖瓦房。
87. 儿童节我们带孩子去游乐场。
88. 今天跟朋友们出去玩了一下。
89. 现在农村家家都盖了砖瓦房。
90. 干果经电商平台卖到广州了。
91. 现在看病都不用排队挂号了。
92. "双十一"商场的优惠活动多。
93. 你去菜店买些葱、姜、蒜回来。
94. 甜瓜熟了,可以拿到市场去卖。
95. 直播开始了,大家快来捧场吧!
96. 网店开张了,快去宣传一下吧!
97. 摆摊儿卖菜,早上五点就得起。
98. 沙尘暴来了,大家快关好门窗!
99. 小红拖完地,又去帮妈妈做饭。
100. 现在打工不容易,你去创业吧。
101. 农家乐今年接待了五百拨游客。
102. 现在买东西付款都扫二维码了。
103. 现在出门可以用手机查天气了。
104. 听说今年种水稻补贴又提高了。
105. 他骑着摩托车去镇上卖羊毛了。
106. 化肥店直播时说买三袋就能包邮。
107. 多施肥,地里的小麦会长得更好。
108. 直播卖核桃,说普通话都听得懂。
109. 妈妈忙着打馕,爸爸忙着扫羊圈。
110. 鸡蛋都卖光了,咱们得赶紧补货。

111. 村里要修路了，大家都去帮忙吧！

112. 时间已经不早了，赶紧洗洗睡吧。

113. 体检结果出来了，没什么大问题。

114. 食堂的米快没了，去仓库拿一袋。

115. 大姐家开了民宿，装修得很漂亮。

116. 阿克苏苹果丰收了，卖得很便宜。

117. 今年种了三亩甜瓜，卖得还不错。

118. 包饺子的面不多了，挖两碗面来。

119. 天冷了，多穿点儿衣服，别感冒了。

120. 圈里的羊粪需要用铁锨清理一下。

121. 耳朵流血，赶快去医院检查一下吧！

122. 涨工资啦！我们的日子会越来越好。

123. 我要包饺子，你把厨房的面粉拿来。

124. 晚上没事了，咱们去夜市吃烤肉吧。

125. 病人正在休息，你们不要大声说话。

126. 村里有药房了，大家可以去买药了。

127. 纺织厂现在招人，一个月三千块钱。

128. 直播带货挣得多，一年赚了不少钱。

129. 炒菜的油用完了，快去商店买一桶。

130. 左边的地种玉米，右边的地种小麦。

131. 血压高不能乱吃药，得听大夫的话。

132. 新疆的西瓜特别甜，全国人都爱吃。

133. 他肚子疼了好几天，没法儿去地里。

134. 爸爸帮邻居搭棚子，累得腰酸背痛。

135. 她已经向你道歉了，你就原谅她吧。

136. 这块地荒了好几年了，长满了野草。

137. 补贴发下来了，快去会计那里领钱吧！

138. 二哥修车技术好，朋友经常找他帮忙。

139. 爷爷一直在咳嗽,你去药店买些药吧。

140. 哥哥在修理厂打工,忙到天黑才回家。

141. 最近家里的牛病了,请兽医给开了药。

142. 播种机的柴油不多了,去加点儿油吧。

143. 这个加油站有洗车服务,价格也便宜。

144. 今年雨水多,院子里的果树长得特别好。

145. 妹妹喜欢拍照,手机里全是家乡的美景。

146. 现在国家政策好,空调以旧换新有补贴。

147. 妈妈不喜欢吃辣的,烤鱼少放点儿辣子。

148. 地里的草长得很快,该用割草机割草了。

149. 理发店星期二不开门,其他时间再来吧。

150. 现在种地都用滴灌了,浇地省了不少力。

151. 村里地毯厂要招工了,大家快去报名吧!

152. 现在买家电有国家补贴,可以以旧换新。

153. 我答应参加朋友的婚礼了,不去不合适。

154. 请帮我订两张去北京的火车票,要硬卧。

155. 抽血前别吃东西,别喝水,不然结果不准。

156. 手术很成功,过几天你就可以下床走路了。

157. 家里的醋快没了,到超市买东西带一瓶吧。

158. 快递站离这儿不远,往前走五分钟就到了。

159. 家里的酱油不多了,你到菜市场去买一瓶。

160. 大哥买了农用无人机,正在地里打农药呢。

161. 我帮邻居修了收割机,邻居留我在家吃饭。

162. 家电补贴政策下来了,冰箱可以以旧换新。

163. 县里办了无人机学习班,大家快去报名吧!

164. 商场搞活动,旧电视换新电视有国家补贴。

165. 国补政策真不错,旧手机换新的能省不少钱。

166. 现在买家电有补贴,我想把旧洗衣机换成新的。

三、标语

1. 节约用电，随手关灯。
2. 低碳生活，绿色出行。
3. 减少污染，净化空气。
4. 节约资源，造福后代。
5. 植树造林，绿化家园。
6. 爱护动物，和谐共处。
7. 减少噪声，安静生活。
8. 绿色消费，健康生活。
9. 节能减排，守护蓝天。
10. 宁停三分，不抢一秒。
11. 学校路段，减速慢行。
12. 安全第一，预防为主。
13. 请勿攀爬，违者必究！
14. 消防通道，禁止占用。
15. 紧急出口，请勿堵塞！
16. 安全用电，防止火灾。
17. 请勿抛物，安全文明。
18. 安全驾驶，平安回家。
19. 安全出行，头盔必戴。
20. 关注消防，珍爱生命。
21. 绿水青山就是金山银山。
22. 公共区域严禁追逐打闹。
23. 农业强，农村美，农民富。
24. 团结一心，建设美好家园。
25. 遵守法律，共建平安家园。
26. 人人参与，共建美好家园。
27. 绿色发展，共建美丽中国。
28. 勤劳致富，共创美好生活。
29. 教育是光，照亮未来之路。
30. 爱国爱家，共建和谐社会。
31. 勤劳致富，共享幸福生活。
32. 爱护花草树，乡村美如画。
33. 种地有技术，收入稳增长。
34. 读书学文化，生活更美好。
35. 开车不喝酒，酒后不开车。
36. 道路千万条，安全第一条。
37. 种树护水土，家园更美丽。
38. 种地有技术，丰收有保障。
39. 电商进农村，特产销四方。
40. 人人守规矩，社会更和谐。
41. 开车不超速，平安才是福。
42. 今天的教育，明天的希望。
43. 村村通公路，致富路更宽。
44. 科技进农家，生活现代化。
45. 邻居多帮忙，村民一家亲。
46. 健康是财富，运动强身体。
47. 手艺学到手，就业不发愁。
48. 农闲学技术，农忙有收获。
49. 农业现代化，农民笑哈哈。
50. 实现中国梦，走进新时代。
51. 传承手工艺，致富富全家。
52. 吃饭不浪费，粮食要珍惜。
53. 环保靠行动，青山代代传。
54. 种田靠科学，产量节节高。

55. 人人讲诚信，社会更美好。
56. 发展合作社，农民共富裕。
57. 人人讲文明，社会更和谐。
58. 养殖加种植，致富双保险。
59. 全民学文化，国家更强大。
60. 建设新农村，倡导新生活。
61. 科技助农忙，丰收有保障。
62. 农村要环保，绿水青山好。
63. 创业有政策，致富靠双手。
64. 维护国家安全，人人有责。
65. 天山天池，新疆风景美如画。
66. 大美新疆，天山南北好风光。
67. 促进民族团结，共建和谐社会。
68. 弘扬红色文化，传承革命精神。
69. 不要乱丢垃圾，环保从我做起。
70. 爱护公共设施，共建美好家园。
71. 发展特色产业，助力乡村振兴。
72. 传承非遗文化，守护精神家园。
73. 发展素质教育，促进教育公平。
74. 坚持党的领导，实现民族复兴。
75. 共享发展成果，共创幸福生活。
76. 建设美丽新疆，共圆祖国梦想。
77. 团结就是力量，和谐铸就辉煌。
78. 共建美丽乡村，共享美好生活。
79. 人民是国家根，团结是力量源。
80. 团结就是力量，团结才能胜利。
81. 教育点亮希望，知识改变命运。
82. 弘扬传统美德，建设文明社会。
83. 奋斗创造幸福，实干成就梦想。
84. 弘扬法治精神，推进依法治国。
85. 今日勤奋学习，明日改变世界。
86. 维护民族团结，促进社会稳定。
87. 传承中华文化，弘扬民族精神。
88. 江山就是人民，人民就是江山。
89. 学习不分年龄，教育没有终点。
90. 建设法治社会，共享公平正义。
91. 加强民族团结，维护祖国统一。
92. 发展绿色农业，建设美丽乡村。
93. 保护生态环境，造福子孙后代。
94. 创新驱动发展，科技引领未来。
95. 知识改变命运，努力改变未来。
96. 民族团结是各族人民的生命线。
97. 活到老，学到老；学一生，用一生。
98. 听党话，跟党走，幸福生活有奔头。
99. 手拉手，心连心，共筑民族团结梦。
100. 新疆是个好地方，坐着火车游新疆。
101. 民族团结手拉手，和谐发展心连心。
102. 团结互助心连心，幸福生活万年春。
103. 民族团结手拉手，和谐发展肩并肩。
104. 撸起袖子加油干，建设美丽新农村。

105. 中华民族大团结，同心共筑中国梦。
106. 防火防盗防事故，安全一直记心间。
107. 经济高质量发展，人民生活更美好。
108. 各族携手共奋进，和谐家园更美好。
109. 勤俭节约是美德，浪费资源不可取。
110. 民族团结一家亲，各族人民心连心。
111. 人民乡村人民建，人民乡村为人民。
112. 民族团结花常开，祖国繁荣春常在。
113. 各民族像石榴籽一样紧紧抱在一起。
114. 文明出行，安全相伴，幸福生活每一天。
115. 电商进农村，特产销四方，致富路更宽。
116. 发展乡村游，农民增收快，生活更美好。
117. 像爱护自己的眼睛一样爱护民族团结。
118. 为中国人民谋幸福，为中华民族谋复兴。
119. 提高全民文化水平，共同建设美好新疆。
120. 我去过很多地方，好吃的还是在我们新疆。
121. 民族团结进步事业是各族人民的共同心愿。

第 3 单元

提问用语

准确提问不用怕！扫一扫二维码，就能听到各种实用的提问用语，涵盖问人、问事、问时间、问地点、问原因、问方式、问价格、问尺寸、问距离、问大小、问多少、问态度、问真假。句子 3～13 字不等，从简单到复杂。说一说，练一练，就能够满足我们与他人交往时获取信息、解决问题的需要。

 扫一扫，跟着练，准确提问，沟通更顺畅。

说明：在这部分，你会听到两个人的声音，一个人念题号，另一个人念句子。

例如：（女）第 13 题
　　　（男）她喜欢什么？
你听到的"她喜欢什么"就是你要跟着说的句子。

1. 你找谁？
2. 你多大了？
3. 你在哪儿？
4. 你买多少？
5. 你喝什么？
6. 你要几公斤？
7. 你到家了吗？
8. 你怎么来的？
9. 他在干什么？
10. 这个多少钱？
11. 晚饭吃什么？
12. 你们要找谁？
13. 她喜欢什么？
14. 他去哪儿了？
15. 你买哪一个？
16. 黄瓜怎么卖？
17. 他们家在哪儿？
18. 你叫什么名字？
19. 你家有几口人？
20. 他是做什么的？
21. 你有几个孩子？
22. 你在哪儿打工？
23. 明天几点开会？
24. 你在忙什么呢？
25. 你有哪些爱好？
26. 他为什么没来？
27. 你怎么不说话？
28. 你什么时候走？
29. 你打算怎么办？
30. 他会不会开车？
31. 你现在有空吗？
32. 你去过喀什吗？
33. 什么时候放假？
34. 你等了多久了？
35. 他种了几亩地？
36. 你养了几只羊？
37. 什么时候播种？
38. 你们厂长是谁？

39. 他没告诉你吗？
40. 他说得对不对？
41. 你想吃什么菜？
42. 这个字怎么念？
43. 菜都做好了吗？
44. 你哪里不舒服？
45. 怎么和他联系？
46. 火车站怎么走？
47. 哪条裙子好看？
48. 你朋友结婚了吗？
49. 这些菜要打包吗？
50. 附近有取款机吗？
51. 你们哪天去学习？
52. 你喜欢什么颜色？
53. 你怎么还没出门？
54. 烤包子还有没有？
55. 你找他有什么事？
56. 今天怎么这么冷？
57. 他来这里多久了？
58. 你每天几点下班？
59. 你在给谁打电话？
60. 你什么时候回家？
61. 你们给不给送货？
62. 这辆车到北门吗？
63. 房间能不能上网？
64. 每月工资多少钱？
65. 你带身份证了吗？
66. 你穿多大码的鞋？
67. 你想在哪儿租房子？

68. 你想要什么口味的？
69. 他是什么地方的人？
70. 你想怎么装修房子？
71. 你要大的还是小的？
72. 每个月房租多少钱？
73. 养殖补贴怎么申请？
74. 你们地里种的什么？
75. 加你微信怎么操作？
76. 给你的钱够不够用？
77. 你平时去哪里买菜？
78. 这支笔怎么这么贵？
79. 你怎么不早点儿说？
80. 这个药每天吃几次？
81. 能给几张餐巾纸吗？
82. 你吃包子还是饺子？
83. 你能不能开慢点儿？
84. 怎么一个人都没有？
85. 有没有去伊犁的票？
86. 你能帮我一个忙吗？
87. 白菜一公斤多少钱？
88. 你能借我点儿钱吗？
89. 出院后要注意什么？
90. 你都喜欢听什么歌？
91. 你家有多少亩耕地？
92. 你们工厂还招人吗？
93. 让我怎么谢你们呢？
94. 他篮球打得怎么样？
95. 你请多长时间的假？
96. 请问，洗手间在哪儿？

97. 你想买什么样的家具？
98. 我们点的菜做好了吗？
99. 你的电话号码是多少？
100. 在网上转账安不安全？
101. 派出所离你家有多远？
102. 你用化肥还是农家肥？
103. 你们村有没有卫生所？
104. 你是付现金还是刷卡？
105. 你没有签劳动合同吗？
106. 你们店卖电子产品吗？
107. 你们店的生意怎么样？
108. 你最喜欢的歌手是谁？
109. 你一个月工资多少钱？
110. 你们怎么来得这么晚？
111. 你的身份证找到了吗？
112. 你的座位在几号车厢？
113. 你是怎么跟他解释的？
114. 水费和电费在哪里交？
115. 你的住院费报销了吗？
116. 请问，到新大坐几路车？
117. 你把我的快递放哪儿了？
118. 有没有大一点儿的房间？
119. 在这儿吃还是打包带走？
120. 你挂普通号还是专家号？
121. 家里怎么一个人都没有？
122. 昨天怎么没有看见你呀？
123. 下一个服务区还有多远？
124. 请问南门地铁站怎么走？
125. 有没有去上海的飞机票？

126. 水电费和燃气费怎么交？
127. 今年的小麦收成怎么样？
128. 你什么时候把钱还给我？
129. 那个穿风衣的男人是谁？
130. 这笔钱存定期还是活期？
131. 转院证明找哪位医生开？
132. 你们都种了哪些农作物？
133. 他说的这个消息可靠吗？
134. 你参加医疗保险了没有？
135. 村委会能开居住证明吗？
136. 申请低保需要什么材料？
137. 咱们周末去爬山怎么样？
138. 我们坐车去还是走路去？
139. 你们店的东西包不包邮？
140. 医保缴费什么时候结束？
141. 你的手机安装抖音了吗？
142. 请问，哪里能找到打印店？
143. 手机的新功能你试过了吗？
144. 种水稻的补贴你领到了吗？
145. 我做完手术后几天能走路？
146. 这附近最近的药店在哪儿？
147. 你的收割机是多少钱买的？
148. 火车站的出站口在哪边啊？
149. 听说今年玉米收购价涨了？
150. 你什么时候进城找工作呀？
151. 进城打工包吃住是真的吗？
152. 直播卖苹果用什么包装好？
153. 养殖场最近还要不要人啊？
154. 大棚种草莓能挣多少钱啊？

155. 今年的棉花收购价是多少?
156. 我们什么时候去收麦子啊?
157. 网上卖核桃怎么算快递费?
158. 我们俩合伙开网店怎么样?
159. 收割机收麦子一天多少钱?
160. 养鸡场一天要喂几次饲料?
161. 开荒种树政府会给补贴吗?
162. 昨天来找你的是你什么人?
163. 检查结果什么时候能出来?
164. 小孩儿没身份证怎么取票?
165. 这趟火车的终点站是哪儿?
166. 这顶帽子能再便宜点儿吗?
167. 这个病会不会传染给别人?
168. 长途汽车站离这儿有多远?
169. 去人民医院走哪条路近啊?
170. 哪一路公交车去人民银行?
171. 请问市场门口停车收费吗?
172. 市场上哪一家的肉最新鲜?
173. 他的补助资格怎么没有了?
174. 五一劳动节你打算怎么过?
175. 请问,村里的快递点在哪里?
176. 我家羊咳嗽,要找哪个兽医?
177. 我身份证丢了,能坐火车吗?
178. 我的手机快没电了,怎么办?
179. 在棉纺厂上班一个月多少钱?
180. 这个药是饭前吃还是饭后吃?
181. 你们是在学习还是在聊天儿?
182. 今天有没有好玩儿的事发生?
183. 你能帮忙修一下我家的灯吗?
184. 现在市场里头还能摆摊儿吗?
185. 拖拉机耕地一天能耕多少亩?
186. 麻烦问一下,信用社几点开门?
187. 在巴扎摆摊儿需要办什么手续?

第 4 单元

互动问答

　　快来挑战互动问答听说练习吧！扫一扫二维码，你会听到不同数量、不同类型的提问，内容涉及日常生活、劳动、工作、学习等多个领域。所提问题由少到多，有不设置场景的问题，也有设置互动场景的问题，难度由易到难。听完问题之后，你需要根据自己的理解，准确、流畅地回答。

　　扫一扫，仔细听，认真想，你问我答，沟通更顺畅。

一、简单问答

（一）一问一答

 扫一扫，回答问题。

> 说明：在这部分，你会听到两个人的声音，一个人念题号，另一个人念问题。问题只有一个，你需要根据所问信息进行回答。
>
> 例如：（女）第 1 题
> 　　　（男）你家有哪些药？
>
> 你听到的"你家有哪些药？"是一个问题，属于简单问答，你要针对"哪些药"多回答一些内容，如："（我家）有感冒药、消炎药、退烧药。"

1. 你家有哪些药？
2. 你喜欢吃什么？
3. 你见过哪些鸟？
4. 你家有哪些电器？
5. 你去过哪些地方？
6. 你喜欢哪个季节？
7. 你见过哪些动物？
8. 公园里有哪些花？
9. 医院里有哪些科？
10. 新疆有哪些水果？
11. 你知道哪些银行？
12. 一年有哪些节气？
13. 浇水用哪些工具？
14. 你知道哪些乐器？
15. 你知道哪些果树？
16. 商店里有哪些饮料？
17. 收庄稼用哪些机器？
18. 种庄稼用哪些机器？
19. 你吃的主食有哪些？
20. 你经常用哪些快递？
21. 生活中有哪些危险？
22. 春节都有哪些习俗？
23. 面试时要注意什么？
24. 种地要用哪些肥料？
25. 你们村有哪些特产？
26. 秋天有哪些农活儿？
27. 做抓饭用哪些材料？
28. 遇到危险怎么求助？
29. 麻辣烫里有哪些菜？
30. 你家有哪些洗漱用品？

31. 怎么在手机上买东西？
32. 春天有哪几种农活儿？
33. 夏天有哪几种农活儿？
34. 冬天能干哪些农活儿？
35. 你们家都有哪些农具？
36. 你知道哪些种类的茶？
37. 你的家乡有哪些特产？
38. 找工作要交哪些材料？
39. 你最想去哪几个地方？
40. 村里有哪些文化活动？
41. 出门打工要注意什么？
42. 有名的新疆菜有哪些？
43. 你家地里种了哪些菜？
44. 你们那儿有哪些景点？
45. 盖房子需要哪些工具？
46. 物流运输有哪些种类？
47. 你熟悉的节日有哪些？
48. 你知道哪些外卖平台？
49. 你知道哪些常见的病？
50. 你知道哪些诈骗方式？
51. 春天的花有哪些颜色？
52. 你最喜欢哪几位歌手？
53. 你最喜欢哪几种舞蹈？
54. 你觉得哪几种水果最甜？
55. 你做饭喜欢用哪些调料？
56. 你们村有哪些农田设施？
57. 哪几个月的农活儿最多？
58. 你知道哪些种类的家具？
59. 你们家有哪些出行工具？

60. 签合同要注意哪些地方？
61. 常用的应急电话有哪些？
62. 秋收的时候用哪些工具？
63. 新疆有哪些好吃的干果？
64. 你知道哪几种职业培训？
65. 工地上可以做哪些工作？
66. 赶集时你常买哪些东西？
67. 你知道哪几种先进技术？
68. 周末你一般去哪些地方？
69. 你喜欢用哪些颜色画画儿？
70. 你最好的几个朋友都是谁？
71. 新疆有哪些好玩儿的地方？
72. 你想参加哪几种职业培训？
73. 你知道哪些人工智能软件？
74. 你喜欢哪几种颜色的衣服？
75. 你都参加过哪些文体活动？
76. 你讨厌哪几种颜色的袜子？
77. 你知道的体育活动有哪些？
78. 孩子的水彩笔有哪些颜色？
79. 孩子上学需要带哪些东西？
80. 你家的田里都有哪些农作物？
81. 你的家乡这些年有哪些变化？
82. 你知道哪些网上卖货的方法？
83. 城市的服务行业有哪些种类？
84. 你平时在手机上都做些什么？
85. 你买衣服喜欢选哪几种颜色？
86. 你知道哪些夏天防虫的方法？
87. 春节时有哪些好玩儿的地方？
88. 你知道哪几种专业技能工种？

89. 你知道哪些新的现代化职业?
90. 如果要开店,你想开哪几种店?
91. 你最近一次赶集买了哪些东西?
92. 你知道哪些销售农产品的方法?
93. 你家厨房里有哪些做饭的工具?
94. 你平常出远门坐哪些交通工具?
95. 遇到危险,你会用哪些办法自救?
96. 干农活儿可以用哪些现代化的机器?
97. 你喜欢在手机上看哪些种类的视频?
98. 你在手机上买东西用哪几种方式支付?

(二) 两问两答

 扫一扫,回答问题。

说明:在这部分,你会听到两个人的声音,一个人念题号,另一个人念问题。问题有两个,你需要根据所问信息进行回答。

例如:(女)第 5 题

(男)你种过地吗?地是怎么种的?

你听到的"你种过地吗?地是怎么种的?"是两个问题,它们之间有一定的联系。听完问题后,你要分别进行回答,如:"我种过小麦,春天的时候用拖拉机犁地、播种,麦苗长出来后浇水。"

1. 你拍过照吗?怎么拍照?
2. 你家里养花吗?怎么养花?
3. 你家里养鸡吗?怎么喂鸡?
4. 你喂过羊吗?羊是怎么喂的?
5. 你种过地吗?地是怎么种的?
6. 你经常去巴扎吗?去干什么?
7. 你住过宾馆吗?怎么办理入住?
8. 你见过打馕吗?馕是怎么打的?
9. 你喜欢喝茶吗?茶是怎么泡的?
10. 你有信用卡吗?怎么办理信用卡?
11. 你家有拖拉机吗?怎么用拖拉机?
12. 你包过饺子吗?饺子是怎么包的?
13. 你挖过水渠吗?水渠应该怎么挖?
14. 你种过甜瓜吗?甜瓜是怎么种的?
15. 你生过病吗?生病时你会做什么?
16. 你跳过新疆舞吗?新疆舞怎么跳?
17. 你开过车吗?开车要注意些什么?
18. 你去过银行吗?怎么存钱、取钱?

19. 你家里停过电吗？停电了怎么办？
20. 你丢过钥匙吗？钥匙丢了怎么办？
21. 你种过果树吗？怎么给果树打药？
22. 你家有微波炉吗？微波炉怎么用？
23. 你的手机坏过吗？手机坏了怎么修？
24. 你见过火灾吗？灭火的方法有哪些？
25. 你叫过外卖吗？外卖小哥怎么送餐？
26. 你喜欢吃方便面吗？怎么泡方便面？
27. 你看过电影吗？你喜欢看什么电影？
28. 你们村离县城远吗？你怎么去县城？
29. 你喜欢喝酸奶吗？酸奶是怎么做的？
30. 你丢过身份证吗？身份证丢了怎么办？
31. 村里有广场吗？人们在广场上干什么？
32. 你用过二维码吗？什么时候需要扫码？
33. 你出过远门吗？出远门应该注意什么？
34. 你会用手机付钱吗？怎么用手机付钱？

35. 你经常看微信吗？你都看些什么内容？
36. 你们村大吗？这些年发生了哪些变化？
37. 你遇到过堵车吗？堵车时你会怎么做？
38. 你家有电风扇吗？夏天太热了怎么办？
39. 你家有冰箱吗？冰箱是用来做什么的？
40. 你看直播吗？你喜欢看什么样的直播？
41. 你们种地用播种机吗？播种机怎么用？
42. 你喜欢吃大盘鸡吗？大盘鸡是怎么做的？
43. 你有充电宝吗？充电宝是用来做什么的？
44. 春节你放过鞭炮吗？放鞭炮要注意什么？
45. 你家来过客人吗？你是怎么招待客人的？
46. 你家有果园吗？果园里要干些什么活儿？
47. 你用过洗衣机吗？怎么用洗衣机洗衣服？
48. 你们村有兽医吗？牛、羊生病了怎么办？

49. 村里每周都升旗吗？升旗时应该做什么？
50. 你参加过培训吗？参加培训有什么好处？
51. 你用过无人机吗？无人机是怎么飞上天的？
52. 村里有打印机吗？打印机是用来做什么的？
53. 你家有三轮车吗？三轮车可以用来做什么？
54. 村里有足球比赛吗？足球比赛是怎么进行的？
55. 你们村的农田里有滴灌吗？滴灌是怎么用的？
56. 你去过北京吗？去北京可以坐什么交通工具？
57. 你和邻居关系好吗？你们平时是怎么相处的？
58. 你们村里的马路宽吗？马路是什么时候修的？
59. 今年夏天雨水多吗？下雨对庄稼有什么影响？
60. 你去地里干过活儿吗？地里的活儿是怎么干的？
61. 你家有摩托车吗？你平时出门用什么交通工具？
62. 你的家乡发生过地震吗？地震时应该怎么避险？
63. 你的家乡发过洪水吗？发洪水时应该怎么救灾？
64. 你接到过诈骗电话吗？防止被骗应该注意什么？

（三）三问三答

 扫一扫，回答问题。

说明：在这部分，你会听到两个人的声音，一个人念题号，另一个人念问题。问题有三个，你需要根据所问信息进行回答。

例如：（女）第 3 题

（男）你去过药店吗？买了什么药？为什么？

你听到的"你去过药店吗？买了什么药？为什么？"是三个问题，它们之间有一定的联系。听完问题后，你要分别进行回答，如："我去过药店，买过感冒药、退烧药，因为我生病了。"

1. 你买过玫瑰花吗？为什么？送给谁？
2. 你听广播吗？都听什么内容？为什么？
3. 你去过药店吗？买了什么药？为什么？
4. 你借过钱吗？借钱干什么？还了没有？
5. 你养过羊吗？怎么养羊？羊生病了怎么办？
6. 你坐过火车吗？怎么买火车票？怎么上火车？
7. 你们家有窗帘吗？都是什么颜色的？为什么？
8. 菜叶为什么会发黄？怎么治？会不会影响收成？
9. 你在饭馆请过客吗？花了多少钱？为什么请客？
10. 你去理发店理过发吗？你喜欢什么发型？为什么？
11. 你平时看新闻吗？你一般在哪里看新闻？为什么？
12. 你参加过培训吗？你喜欢参加哪种培训？为什么？
13. 你拍过视频吗？你喜欢拍什么样的视频？为什么？
14. 你经常上网打游戏吗？你喜欢玩什么游戏？为什么？
15. 你家装修过吗？怎么装修？新房一般要买什么家具？
16. 你在网上买过东西吗？怎么操作？不会操作怎么办？
17. 你家都有哪些化肥？种梨用哪种化肥比较好？为什么？
18. 你的衣服是在哪儿买的？多少钱？买的时候打折了吗？
19. 你会录视频吗？你用过哪些设备？这些设备有什么优点？
20. 你每年都体检吗？为什么要体检？体检需要注意些什么？
21. 你家都有哪些化肥？种白菜用哪种化肥比较好？为什么？
22. 你家都有哪些化肥？种核桃用哪种化肥比较好？为什么？
23. 你家都有哪些化肥？种小麦用哪种化肥比较好？为什么？
24. 你经常跟朋友联系吗？你喜欢用哪种联系方式？为什么？
25. 你家有洗衣机吗？洗衣机怎么操作？洗衣机坏了怎么办？
26. 村里去外面打工的人多不多？你愿意出去打工吗？为什么？
27. 你坐过出租车吗？该怎么叫出租车？叫不到出租车怎么办？
28. 你见过哪些高科技的东西？你用过吗？机器人可以干什么？
29. 你家欠过电费吗？欠了电费怎么办？你家每个月用多少度电？

30. 今年你们家用的什么肥料？你喜欢用化肥还是农家肥？为什么？
31. 你最好的朋友是谁？你们是怎么认识的？要是你们吵架了怎么办？
32. 你们那儿种菜用大棚吗？大棚里可以种哪些菜？大概多久能成熟？
33. 你种过果树吗？果树上的树叶为什么会有洞？树叶有洞了怎么办？
34. 你经常在网上买东西吗？你一般在哪个平台买东西？为什么？
35. 你在网上买过什么东西？快递一般几天送到？如果没收到怎么办？
36. 你们县里有加工厂吗？加工厂的工人够吗？如果工人不够怎么办？
37. 你出去打过工吗？如果让你现在去打工，你希望干什么？为什么？
38. 你们村种地使用机械吗？都有哪些机械？如果没有播种机怎么办？
39. 你们现在用水方便吗？浇地都用什么水？如果没有自来水怎么办？
40. 你外出的时候一般用什么拍照？你喜欢拍什么类型的照片？为什么？
41. 你用过哪些短视频软件？你喜欢看什么样的短视频？一般什么时候看？
42. 你参加过直播带货吗？直播带货是怎么把货卖出去的？没人买怎么办？
43. 你会录制音频吗？你喜欢录制什么内容的音频？录制音频要注意什么？
44. 手机都能做什么？给你的生活带来了哪些变化？你觉得这些变化好不好？
45. 你在工地上盖过房子吗？盖房子都要使用哪些材料？如果人手不够怎么办？
46. 你们种地使用高科技吗？你知道哪些种地的高科技？无人机都可以干什么？
47. 你家里有电脑吗？你一般用电脑干什么？电脑给我们的生活带来了哪些便利？
48. 你家有哪些家电？这些家电能做什么？这些家电给你的生活带来了哪些便利？
49. 你会开拖拉机吗？你干什么农活儿需要用拖拉机？如果拖拉机在使用中坏了怎么办？

二、复杂问答

（一）两问两答

 扫一扫，回答问题。

说明：在这部分，你会听到两个人的声音，一个人念题号，另一个人念问题。问题有两个，你需要根据所问信息进行回答。

例如：（女）第6题

（男）如果你马上要开个饭馆，都要干些什么？钱不够怎么解决？

你听到的"如果你马上要开个饭馆，都要干些什么？钱不够怎么解决？"是在一定场景下提出的两个有联系的问题。听完问题后，你要根据问题的场景分别进行回答，如："如果我要开个饭馆，我要租个店面，还要装修，买桌椅。钱不够的话，我会向银行贷款。"

1. 你喜欢穿什么样的流行服装？为什么？
2. 在聚会中，朋友们都关心什么？最喜欢聊什么？
3. 现在市场上新手机很多，你喜欢什么手机？为什么？
4. 你家的院子里有些什么？院子里的物品摆放有什么讲究？
5. 新疆的棉田很大，棉花成熟后是怎么收的？棉花能做什么？
6. 如果你马上要开个饭馆，都要干些什么？钱不够怎么解决？
7. 贷款期限到了，你怎么还贷款？如果还不上贷款，会有什么后果？
8. 运动有助于健康，你都喜欢哪些运动？做剧烈运动需要注意什么？
9. 农忙的时候，你每天干多长时间的活儿？干完活儿以后你怎么放松？
10. 如果让你出去打工，你希望在什么地方打工？为什么想去那里打工？
11. 现在的农村都联网了，你在网上做什么？上网给你带来了哪些便利？
12. 我们看了你家的果园，苹果怎么长得这么好？你们怎么把苹果卖出去？
13. 放假时出去旅游，孩子们最喜欢去哪些地方？为什么喜欢去那些地方？

14. 打工要跟厂家签合同，你希望签多长时间的合同？合同里都有哪些内容？

15. 现在的小学有语文课、数学课，还有哪些课？学生在学校里都会做些什么？

16. 现在打工的机会很多，你都干过些什么？你能讲一下打工时发生的趣事吗？

17. 现在的生活越来越好了，有哪些方面比以前好？你希望哪些方面变得更好？

18. 我刚来新疆，朋友就约我去大巴扎。大巴扎在哪儿？你能介绍一下大巴扎吗？

19. 你朋友结婚，请你去参加婚礼。你在婚礼上看到了什么？婚礼上有哪些活动？

20. 你在饭馆当服务员，该学点儿什么？怎么为客人提供优质服务，让客人满意呢？

21. 乌鲁木齐的交通很便利，外出可以选择哪些交通工具？如果你迷路了，怎么办？

22. 现在新修了很多路，你都知道哪些路？路上有很多路牌，这些路牌有哪些用处？

23. 离你们那里不远有一个水库，你在水库都看到了些什么？建水库有什么好处？

24. 新农村需要很多专家来指导，有哪些方面的专家？一般专家们都会指导些什么？

25. 你干活儿的时候，机器还转着，突然停电了，你该怎么做？停电会带来哪些损失？

26. 听说你们村要建新大棚，新大棚建成后要种哪些蔬菜？在大棚里种菜要注意什么？

27. 现在的服装款式很多，颜色也很多，今年流行什么颜色呢？你喜欢哪种颜色的服装？

28. 你们村这两年开了很多店铺，都有哪些店铺？假如你要在村里开店，应该做些什么？

29. 来新疆旅游的人越来越多了，这给新疆带来了哪些变化？你知道哪些好玩儿的地方？

30. 现在到工厂打工的人越来越多了，你刚进工厂时是怎么学技术的？师傅教了你什么？

31. 你在外打工，家人都留在了村里，你想家了怎么办？如果家里有急事，他们怎么联系你？

32. 到外地去打工会找一个地方租下来，你喜欢租什么样的房子？租房子需要做什么？

33. 现在很多地方都用上了太阳能，你还知道其他发电方法吗？太阳能发电都用在哪些方面？

34. 出去旅游时，你会看到当地的纪念品。你喜欢什么样的纪念品？当地的纪念品有哪些特点？

35. 如果你要去一个没去过的新地方，你怎么找到这个地方？如果用手机导航的话，你怎么操作？

36. 小学生在放学回家的路上要注意些什么？有些孩子喜欢在路上玩耍，我们应该告诉他们什么？

37. 听说你们都到合作社去干活儿了，合作社都有哪些活儿？干这些活儿给你家带来了什么变化？

38. 现在家家都可以上网看电视了，你最喜欢的电视节目有哪些？你从这些节目里知道了些什么？

39. 假如你的孩子上了高中，你希望他毕业后干什么？假如你的孩子不想上大学，你会对他说什么？

40. 新疆的美食很丰富，朋友来了，你最想带他（她）吃哪些美食？你怎么给他（她）介绍这些美食？

41. 新疆这些年建了很多机场，如果你要坐飞机，需要做什么？飞机场给我们的生活带来了什么变化？

42. 南疆有很多加工厂，招聘了许多当地人，你知道加工厂有多大吗？你觉得加工厂里面会生产什么？

43. 新疆的公路上经常可以看到大卡车在运货，卡车上都拉些什么？为什么会有这么多的卡车来运货？

44. 你在广州打工好多年了，为什么没把家人接过来？如果把家人都接过来的话，你想让他们干什么？

45. 现在的农村都建了很多新房，如果你们家有了新房，你们要怎么搬家？你打算怎么安排新家的院子？

46. 农贸市场离你们这儿有二里地，现在的农贸市场里都卖些什么？农贸市场里热闹的场景是什么样的？

47. 现在有很多农牧区都用上了新能源发电，你见过哪些新能源发电设备？风力发电站都建在哪些地方？

48. 听说你们县新建了一个电影院，以前你们都是怎么看电影的？在看过的电影里，哪些情节让你最难忘？

49. 你们那里的干果可以在加工厂加工了，加工厂里都能加工哪些干果？加工后的干果你们都是怎么运出去卖的？

（二）听一段话，然后回答问题

 扫一扫，回答问题。

说明：在这部分，你会听到三个人的声音，第一个人念题号，第二个人念一段话，第三个人念问题，问题有两个。听完这段话后，根据你的理解对问题进行回答。

例如：（女）第30题，请听下面一段话：

（男）古丽大姐家是种枣的。过去她家的枣很小，卖不出去，很多都烂在了树上。现在村里请了专家，教她种枣的新技术。经过学习，古丽大姐种出的枣又大又甜。昨天直播，她一下子就卖出去50公斤，赚了好多钱。

（女）古丽大姐家的枣发生了什么变化？为什么会发生这种变化？

> 你听到的"古丽大姐家的枣发生了什么变化？为什么会发生这种变化？"是在一定故事情节下提出的两个有联系的问题。听完问题后，你要根据故事情节分别进行回答，如："古丽大姐家的枣以前很小，卖不出去，现在的枣又大又甜，古丽大姐直播赚了很多钱。因为村里请专家教了她种枣的新技术。"

第1题，请听下面一段话：

阿里木家在和田墨玉县，他小时候住在矮矮的平房里，一出门都是土路。现在的墨玉县变化很大，到处都是高楼和宽阔的公路。阿里木家也搬到了高楼里，父母上下楼都有电梯，很方便。

墨玉县发生了哪些变化？阿里木家的生活有了什么改变？

第2题，请听下面一段话：

十一国庆节到了，全国人民都在庆祝这个伟大的节日。这些年阿里木家生活变好了，存了些钱，他坐飞机去了北京。他在天安门广场看了升国旗，去了故宫，爬了长城，还去了北海公园。他玩得很开心，这是一次难忘的旅行。

国庆节是一个什么样的节日？国庆节阿里木做了什么？

第3题，请听下面一段话：

阿里木是做烤包子的厨师，他做的烤包子很香，人们都喜欢吃他家的烤包子，他的烤包子店也越来越出名了。县里新开了美食街，美食街的老板想叫他去摆摊儿，可是美食街的租金有点儿贵，他担心生意不好赔钱。

阿里木有什么担心的事？如果你是阿里木，你会怎么做？

第4题，请听下面一段话：

春节到了，全国人民都在忙着过这个最重要的节日。春节流传下来很多有意思的习俗。除夕夜，小明帮爸爸贴了春联，爷爷给小明发了红包，小明还放了鞭炮，全家人一起包了饺子，看了春晚。全家快快乐乐地过了一个年。

春节是一个什么样的节日？小明家春节都干了什么？

第5题，请听下面一段话：

村里的孩子们都很喜欢踢足球，可是村里没有足球场，他们只能在村头的一块空地上踢。最近，村里的几个年轻人要自己动手建一个足球场，他们在这块空地上开始铺地，还去了县城的体育商店买了建足球场需要的东西。

村里的孩子们喜欢做什么？你觉得建足球场对村里的孩子们有什么好处？

第6题，请听下面一段话：

中秋节是中国人团圆的日子。中秋节晚上，小红一家围坐在桌前，一边吃月饼，一边欣赏窗外圆圆的月亮。爸爸还给他们讲了嫦娥奔月的故事。传说月亮上有美丽的嫦娥和玉兔。

中秋节是一个什么样的节日？中秋节的晚上，小红一家都干了什么？

第7题，请听下面一段话：

阿曼古丽的丈夫以前在工地打工，家里的棉花都靠阿曼古丽自己手摘，她累得腰疼，棉花还卖不上好价钱。今年她家买了采棉机，100亩地不到一天就收完了。客商抢着高价收购，她丈夫也回家帮忙种棉花了。

阿曼古丽家有什么变化？为什么今年阿曼古丽家的棉花能很快收完？

第8题，请听下面一段话：

端午节到了，古丽一家人上午包了粽子，送给邻居们一起吃；下午去河边看了传统的赛龙舟。古丽给4号船加油，嗓子都喊哑了。回家后，古丽的爸爸还给大家讲了端午节的故事，原来端午节是为了纪念诗人屈原而流传下来的节日。

古丽在端午节干了什么？端午节是怎么来的？

第9题，请听下面一段话：

古丽在抖音上建了一个账号，直播带货推销家里的核桃、巴旦木、葡萄干等干果。她还叫了好朋友小红一起来直播。直播时间长了，她们遇到了一些问题，比如产品没有按时送到客户手里。

古丽她们遇到了什么问题？如果你是古丽，你会怎么解决这个问题？

第10题，请听下面一段话：

阿里木家在泽普县城，他在一个工地打工。虽然钱挣得比较多，但他非常累，想换个地方上班。正好他家附近有个小区招保安，工作不累，就是要上夜班，钱也少。他有些不知道该怎么办了。

阿里木最近想做什么？如果你是阿里木，你会怎么办？

第11题，请听下面一段话：

阿里木在农村养鸽子，一直拿到巴扎上去卖，有时候客户也会到他家里来买。最近很多人都在网上卖货、直播带货。阿里木也开始直播卖鸽子，但他不太懂电商知识，卖得不太好，挣的钱还没有以前多。他不知道该怎么办了。

阿里木现在遇到了什么问题？为什么会有这个问题？

第12题，请听下面一段话：

　　过去阿里木家种的杏子酸得鸟都不吃。后来农业技术站的专家来他家果园教他种小白杏的新技术，现在他种出的杏子又大又甜，很快就卖光了，家里也有了存款。

酸杏子为什么变甜了？学习新技术会带来什么好处？

第13题，请听下面一段话：

　　阿里木种了很多年麦子，最累的就是浇水，要花很多时间。现在有了新的滴灌浇水技术，节省了很多时间，麦子的产量也提高了。阿里木家还养了奶牛，收入比以前多了。

阿里木家发生了哪些变化？为什么会有这些变化？

第14题，请听下面一段话：

　　阿里木以前在城里当保安，听说村里推广了无人机打药技术，他就辞了工作，回家承包了土地种棉花。今年棉花没有虫害，长得很好，他赚了很多钱。

阿里木为什么要辞了工作回乡？为什么今年棉花没有虫害？

第15题，请听下面一段话：

　　古丽家种的葡萄往年有一半会烂掉，今年保鲜车开到了村里，古丽早晨摘的葡萄放到保鲜车里，下午就运走了，连广州的超市都一次订了几吨，古丽家一下子就富了起来。她的丈夫也不用去工地打工了，而是在家搭葡萄架。

以前古丽家的葡萄为什么有一半会烂掉？现在她丈夫为什么不去打工了？

第 16 题，请听下面一段话：

阿里木去城里修路，学会了开压路机，收入比放羊时高很多。家里用他寄的钱买了很多家用电器。他老婆高兴坏了，说："做家里的活儿再也不用费力气了！"

阿里木学会开压路机后家里有什么变化？他老婆为什么高兴？

第 17 题，请听下面一段话：

古丽在西红柿加工厂打工，她学会了用机器挑西红柿，一天能装 500 箱，这些西红柿还运到了北京去卖，她赚了许多钱。家里用她攒的钱盖了新房子。

古丽为什么一天能装 500 箱西红柿？她家里为什么能盖上新房？

第 18 题，请听下面一段话：

古丽在纺织厂打工，学会了使用自动织布机，还学会了用电脑绣花。她从一个农民变成了一个工人，还学会了新技术，她的工资可以让家人过上好生活。

古丽在厂里学会了什么？学会新技术给她家里带来了什么变化？

第 19 题，请听下面一段话：

古丽在食品厂打包干果，用机器包装比手工包装快得多，干活儿也不累。她现在的生活比以前轻松多了，下班后还有时间看看电视，带孩子出去玩。

古丽现在的生活为什么轻松了？她下班后还可以干什么？

第20题，请听下面一段话：

阿里木是牧民，靠放羊养家。以前冬天喂羊要把草切碎了喂，他每天要切很多草，切得手都疼，晚上还要起来切草喂羊。现在村里帮大家买了切草的机器，机器一次可以切很多草，阿里木再也不用半夜起来切草了。

阿里木家养羊发生了什么变化？现在阿里木为什么不用半夜起来切草喂羊了？

第21题，请听下面一段话：

拜城县新建了一个服装厂，厂里需要女工。古丽以前在外边打工，她听说后，带着外边的姑娘们回到家乡，去服装厂打工。干得好的工人每月能挣不少钱，这些钱补贴了她们家里的生活。

服装厂给村里带来了什么变化？古丽和姑娘们在服装厂打工的情况怎么样？

第22题，请听下面一段话：

古丽家在有名的核桃之乡。她在家乡开了一个核桃加工厂，厂里都用上了现代化的机器，有包装机、去皮机等。村里很多人都在她的核桃厂打工。他们的核桃包装袋上都贴了二维码，现在买核桃直接扫码，方便多了。

古丽在家乡做了什么？核桃包装袋上贴二维码是干什么用的？

第23题，请听下面一段话：

阿里木家在吐鲁番葡萄沟。以前，夏天葡萄熟了，要晒成葡萄干才能卖出去。今年，保鲜车开到了葡萄架下，刚摘下来的新鲜葡萄可以运到全国各地了。有位广州的老板一次就买了12吨。

吐鲁番的新鲜葡萄是怎么卖到全国各地的？为什么广州的老板一次就买了12吨？

第 24 题，请听下面一段话：

阿里木家承包了 1000 亩地种棉花。这些年种棉花用上了新技术，阿里木家买了无人机给棉田打药，还买了采棉机收棉花。到了秋天，棉花丰收了，1000 亩地三天左右就收完了，收得快，也能卖出高价。阿里木家赚了很多钱，全家人都很高兴。

阿里木家现在都用什么工具种棉花？为什么他们全家都很高兴？

第 25 题，请听下面一段话：

阿里木在那拉提附近开了个农家乐。夏天来旅游的人很多，阿里木的农家乐生意非常好，一家人都忙不过来。上高中的儿子放假后也过来当导游。阿里木的儿子想了很多办法，带游客们摘杏子、骑马、射箭。游客们都很喜欢阿里木的农家乐，来的人也越来越多。

阿里木的儿子放假都做了什么？来阿里木农家乐的游客为什么越来越多？

第 26 题，请听下面一段话：

阿里木以前在喀什乡下种小麦，麦子熟了，全家都去用镰刀割麦子，要十几天才能割完，全家人都很累。现在村里买了收割机，他成了开收割机的农机手。家里的人还可以去干别的农活儿，家里也存了钱，盖了新房，儿子还到县里去读中学了。

阿里木家割麦子发生了什么变化？现在阿里木家为什么能盖上新房？

第 27 题，请听下面一段话：

古丽家在和田的一个小村子里。她在村里开了一个小商店，过去只卖一些日用品。村里有了快递站以后，她开始帮村民们直播卖核桃、红枣，每个月的收入比原来多了三倍，小商店卖的东西也越来越多了。最近她还买了小货车来拉货。

古丽家的小商店发生了什么变化？她为什么要买小货车拉货？

第 28 题，请听下面一段话：

阿里木在伊犁草原上放了 20 年羊。过去草场上的草不够羊吃，养不了很多羊，他放羊也很辛苦。现在县里建了养羊的合作社，他参加了培训，当了技术员，学会了用科学的方法配饲料喂羊，家里养的羊越来越多，家里的钱也变多了，生活也变好了。

阿里木养羊发生了什么变化？合作社给他带来了什么好处？

第 29 题，请听下面一段话：

古丽的家在阿克苏。以前古丽没有学过手艺，只能到田里摘棉花。现在乡里建了纺织厂，她学会了用缝纫机，在厂里做校服，每个月工资有 3000 多块。厂里可以按时上下班，她可以做很多家务活儿了。家里也增添了很多小家电，方便了很多。

古丽学会了什么？她家里有什么变化？

第 30 题，请听下面一段话：

古丽大姐家是种枣的。过去她家的枣很小，卖不出去，很多都烂在了树上。现在村里请了专家，教她种枣的新技术。经过学习，古丽大姐种出的枣又大又甜。昨天直播，她一下子就卖出去 50 公斤，赚了好多钱。

古丽大姐家的枣发生了什么变化？为什么会发生这种变化？

第 31 题，请听下面一段话：

小丽的妈妈感冒了，发烧发了三天，起不了床。小丽的哥哥给妈妈熬了稀饭，小丽帮忙给妈妈擦汗。爸爸下班后给全家做了饭、洗了衣服，把家务活儿都干完了。妈妈心里很高兴。

妈妈生病的时候，家里人都做了什么？如果你家里人生病，你会怎么帮忙？

第32题，请听下面一段话：

阿里木要去市里参加培训。他正在火车站排队上火车呢，突然有个小伙子跑到前面插队，阿里木对小伙子说："大家都在排队，你这么年轻，更应该遵守规矩。"小伙子脸红了，赶快到后面去排队了。

阿里木说了什么？小伙子为什么脸红了？

第33题，请听下面一段话：

古丽家有个果园，全家人都在种果树。以前果子很多，却卖不出去，烂在地里。这几年古丽在抖音上开了直播，将果子卖到全国各地，家里的日子过得越来越好。

古丽在抖音上做了什么？她家的日子有什么变化？

第34题，请听下面一段话：

小明的爸爸开车送他去上学，往右转弯的时候，路边有行人正打算过马路。小明的爸爸没有减速，小明大声对爸爸喊："快停车！让行人先过去。"小明的爸爸赶快把车停了下来。爸爸对小明说："你说得对，爸爸错了。"

小明为什么大声对爸爸喊？爸爸说了什么？

第35题，请听下面一段话：

小红放学坐公交车回家的时候，车上上来了一位老奶奶，小红赶快把座位让给了老奶奶，老奶奶连声说"谢谢"。小红自己背着大书包站在奶奶旁边。车上人很多，小红被挤得差点儿摔倒。过了好几站，老奶奶站起来要下车，她摸了摸小红的脑袋，说："真是个好孩子。"

小红为什么差点儿摔倒？老奶奶为什么夸她？

第 36 题，请听下面一段话：

阿里木和妻子带着孩子们从拜城到武汉打工好几年了，孩子们也都在那里上了学，拜城的家里只留下了阿里木的爸爸妈妈两位老人。老人们很想念阿里木一家，特别是孙子孙女们。春节期间，阿里木一家回了家乡，给两位老人买了手机，阿里木的孩子们教爷爷奶奶学会了视频通话。现在奶奶天天跟孙子孙女们视频聊天儿、唱歌，还发红包，高兴极了。

阿里木为什么给爸爸妈妈买手机？现在奶奶天天跟孙子孙女们干什么？

第 37 题，请听下面一段话：

正月十五是元宵节，元宵节是一个很热闹的节日。这天晚上，小明全家人吃了元宵，出门去庙会看花灯、猜灯谜。小明猜对了灯谜，得到了一个兔子灯作为奖品。小明的妈妈还带他放了孔明灯。一家人过了一个快快乐乐的元宵节。

元宵节小明全家人做了什么？小明得了一个什么奖品？

第 38 题，请听下面一段话：

以前如果家里的水管漏水，刚好家里又没人的话，就会把家里弄得到处都是水，还会漏到楼下，给邻居带来麻烦。现在社区给每家都装了智能水表，一漏水水表就会自动报警，再也不会发生家里到处都是水，给别人带来麻烦的事了。

以前家里水管漏水，家里又没人的话，会怎么样？智能水表能干什么？

第 4 单元　互动问答

第 39 题，请听下面一段话：

古丽家开了一个民宿，夏天来游玩的人很多，冬天天气太冷，来的人很少。古丽学会用手机拍照发短视频后，拍了她家的葡萄架，还有烤包子、大盘鸡等各种美食。全国各地都能看到她发的视频，很多人都给她点赞。现在冬天也有很多人来这里旅游，住在她家的民宿。她家赚了不少钱，家里人都很高兴。

古丽为什么发短视频？她家的民宿发生了什么样的变化？

第 40 题，请听下面一段话：

现在的乡村发生了很大的变化，古丽买东西再也不用带钱包了，手机扫码就行。古丽的妈妈出门买菜还要带钱包，古丽对妈妈说："不用带钱包，拿着手机就行。"古丽教妈妈学会了用手机扫码支付，妈妈高兴极了，说："现在真是太方便了！"

古丽出门为什么不带钱包？她为什么要教妈妈用手机支付？

第 41 题，请听下面一段话：

阿里木的爸爸以前买拖拉机零件，要跑很远的路到市里去。现在阿里木在网上给爸爸买拖拉机零件，三天以后就送到村口的快递站了。爸爸现在也学会在网上购物了。

阿里木的爸爸现在怎么买拖拉机零件？网购为什么更方便？

第 42 题，请听下面一段话：

阿里木的爸爸跑长途送货，以前翻天山要两天，现在走高速公路 10 小时就到喀什了。阿里木的爸爸能多送好几趟货，给家里挣的钱也多了。

阿里木的爸爸跑长途送货的时长有什么变化？他赚的钱为什么多了？

第43题，请听下面一段话：

古丽带着女儿在公园玩。在公园里，古丽的女儿看到有人把空瓶子和废纸乱扔到路上，她很生气，赶快过去把垃圾捡起来，扔进垃圾箱里。古丽给女儿点赞，夸了女儿。

古丽的女儿为什么生气？古丽为什么夸女儿？

第44题，请听下面一段话：

阿里木在吐鲁番种葡萄，以前要赶着毛驴车到巴扎卖葡萄。现在村里新建了可以存放葡萄的保鲜仓库，阿里木的女儿用手机就可以接订单，新鲜的葡萄能卖到北京、上海等城市，价格也翻了好几番。

阿里木家卖葡萄有什么变化？保鲜仓库解决了什么问题？

第45题，请听下面一段话：

小红的爸爸骑电动车没戴头盔，被罚了款。他回家后很生气，还发了脾气。小红掏出手机给爸爸播放车祸视频，对爸爸说："不戴头盔很危险！"爸爸听了小红的话，第二天就买了头盔。

小红的爸爸为什么被罚款？小红为什么给爸爸播放视频？

第46题，请听下面一段话：

阿里木家住在且末县。以前村里电不够用，经常停电，人们晚上什么也干不了，电视看不了，孩子学习也只能点油灯，很不方便。现在村里用上了太阳能发的电，很少停电了。晚上大人们看电视、聊天儿，孩子们在电灯下学习。

阿里木的家乡在用电方面有什么变化？人们的生活有什么变化？

第 47 题，请听下面一段话：

　　阿依古丽家的葡萄干加工厂以前需要十几个工人洗葡萄，用了自动洗葡萄的机器后，现在只需要几个工人。加工厂还请了两名大学生来管理卖货。

阿依古丽家的加工厂出现了哪些变化？为什么要请大学生？

第 48 题，请听下面一段话：

　　小明家在库尔勒，小明的爷爷第一次坐高铁去乌鲁木齐。以前坐绿皮火车要一天，现在坐高铁四个小时就到了。爷爷出门的时候担心肚子饿，还带了五个馕在车上吃，没想到这么快就到了。爷爷还觉得很奇怪呢。

小明的爷爷怎么去的乌鲁木齐？他为什么觉得奇怪？

第 49 题，请听下面一段话：

　　阿里木从 6 月开始在伊宁市六星街卖刨冰酸奶。夏天时来买的游客很多，有时候排队 20 分钟才能买到。到了秋天，来买刨冰酸奶的人越来越少，阿里木就改卖热奶茶和大盘鸡，本地人来吃的也很多。阿里木的生意越来越好了。

阿里木在伊宁六星街卖的东西有什么变化？为什么他的生意越来越好？

第 50 题，请听下面一段话：

　　小明特别喜欢拍照，一直想买台高级相机，可是高级相机太贵了，他还要存很长时间钱才买得起。他也不知道买了新相机后能不能拍好。

小明遇到了什么问题？如果你是小明，你会怎么办？